HECHO EN MEXICO

PETER LAUFER

SUSAN L. ROTH

Traducido por
Víctor Reyes

■ NATIONAL GEOGRAPHIC SOCIETY
WASHINGTON, D.C.

En México, a todo mundo le gustan los típicos mariachis que se pasean por las calles con sus sombreros de ala ancha, cantando canciones de amor y de aventuras.

Los mariachis tocan requintos y violines bajos, guitarrones y mandolinas. Y también tocan guitarras.

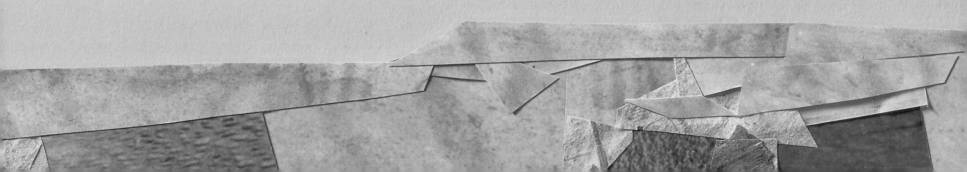

Desde Chihuahua en el norte hasta Oaxaca en el sur, del Atlántico al Pacífico, los mariachis saben que las mejores guitarras de México vienen de un pequeño pueblo en las montañas de Michoacán llamado Paracho.

Pero hay más que música de mariachis en México.

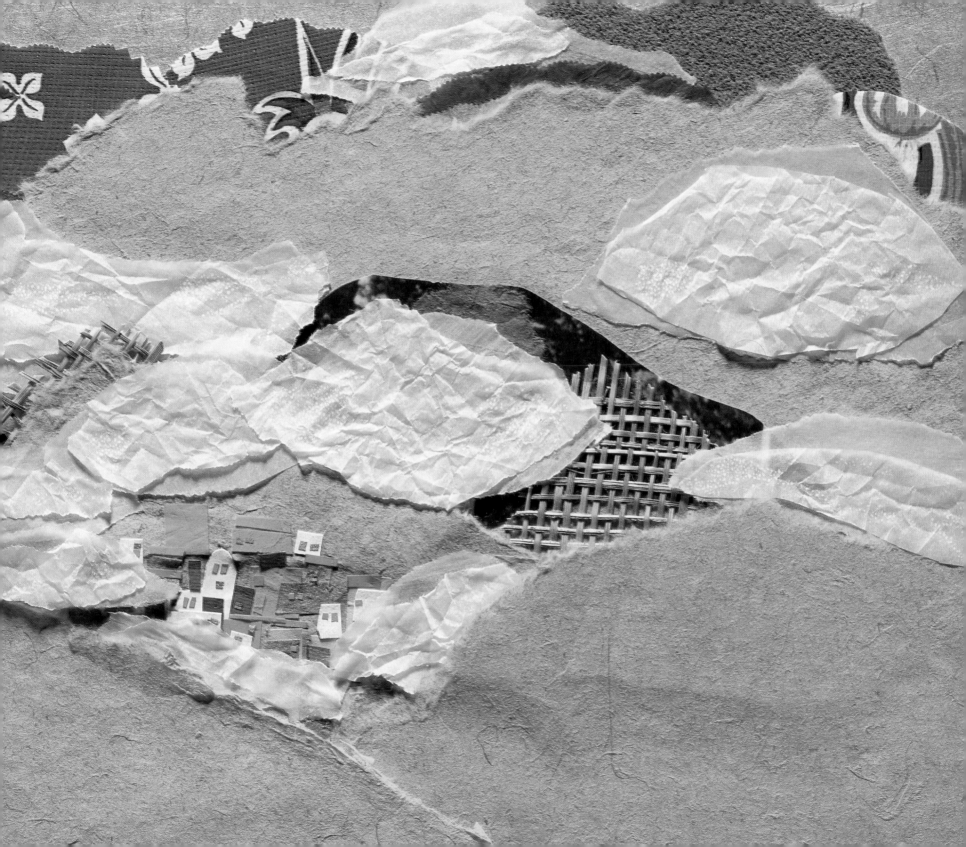

En la Zona Rosa de la ciudad de México, los guitarristas tocan jazz en clubes nocturnos llenos de humo con guitarras hechas en Paracho.

Sí, hay más que música de mariachis en México.

En las salas de concierto de todo México, los músicos se sientan solos con sus guitarras en escenarios formales y tocan música clásica.

Sí, hay más que música de mariachis en México.

Durante muchos años, estos músicos clásicos escogieron guitarras hechas en España, Estados Unidos y Japón porque las consideraban como los mejores instrumentos que podían encontrarse en todo el mundo. Pero recientemente, algunos fabricantes de guitarras en Paracho están sorprendiendo a los guitarristas con algo nuevo: guitarras de concierto que se ven y suenan tan bien como cualquier otra hecha en cualquier otro lugar.

Ahora, ya hay más que sólo guitarras para mariachis hechas en México.

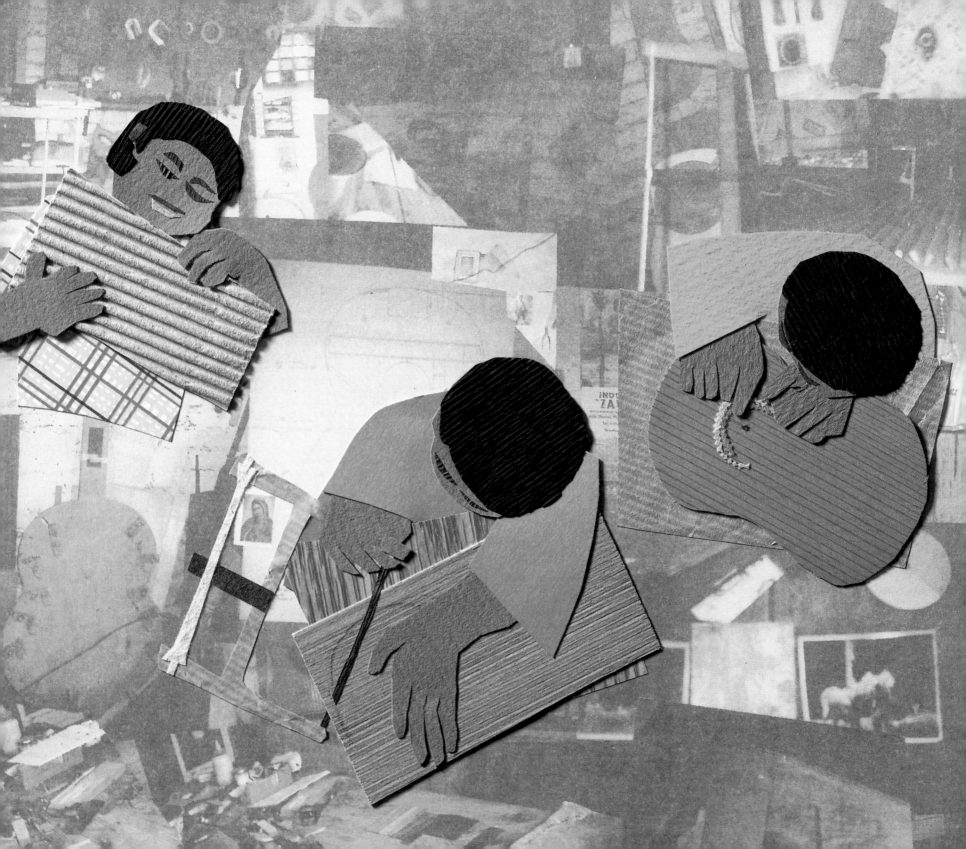

En talleres en las calles interiores de Paracho, experimentados fabricantes de guitarras usan sierras de mano y cuchillos de fabricación casera, para transformar maderas principalmente mexicanas en piezas para guitarras. Lenta y cuidadosamente cortan y serruchan, pegan y lijan. Finalmente, barnizan y pulen. Hacer una fina guitarra de calidad para concierto toma al menos un mes de trabajo.

Sí, ya hay más que guitarras para mariachis hechas en México.

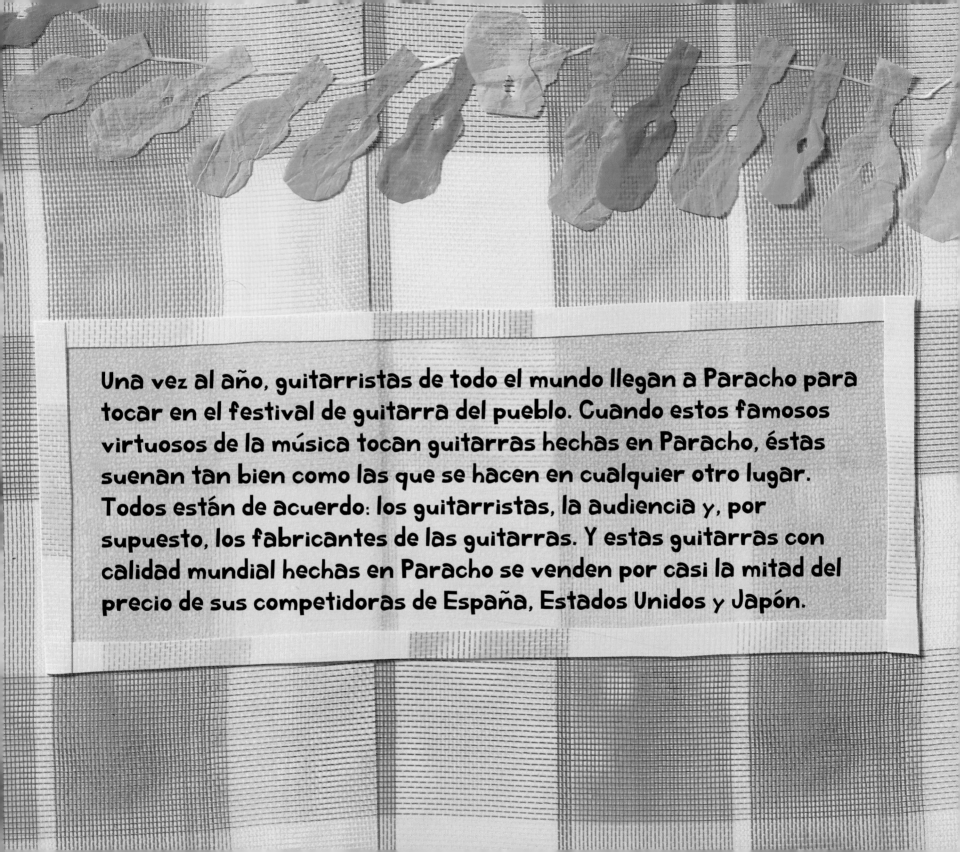

Una vez al año, guitarristas de todo el mundo llegan a Paracho para tocar en el festival de guitarra del pueblo. Cuando estos famosos virtuosos de la música tocan guitarras hechas en Paracho, éstas suenan tan bien como las que se hacen en cualquier otro lugar. Todos están de acuerdo: los guitarristas, la audiencia y, por supuesto, los fabricantes de las guitarras. Y estas guitarras con calidad mundial hechas en Paracho se venden por casi la mitad del precio de sus competidoras de España, Estados Unidos y Japón.

Por Tradición... GUITARREROS PARACHO

El cruce de la frontera entre México y Estados Unidos en San Diego y Tijuana es el más transitado del mundo. Multitudes de turistas de California y de todo el país viajan al sur buscando sol y diversión en México. Estos norteamericanos encuentran diversión y sol. Y encuentran pobreza y desesperación.

Justo al sur de la frontera, niños pequeños con caras sucias y harapientos acosan a los turistas pidiéndoles limosna, tratando de venderles chicles o baratijas. Hay basura en las calles, las casas y edificios necesitan una capa de pintura. México es un país pobre comparado con su vecino del norte.

Hay más que música de mariachis en México.

Pero más al interior de México, al sur, lejos de la frontera, en Paracho, el mercado está lleno de fruta y verduras frescas, pescado y carne. Los niños pequeños están bien alimentados y limpios. Y junto con la lectura y la aritmética, ellos aprenden sobre guitarras.

Algunos aprenden cómo hacer guitarras, ayudando en
los pequeños talleres u observando en las grandes fábricas.
Otros aprenden a vender guitarras al lado de sus padres
en las tiendas de la calle principal de Paracho.

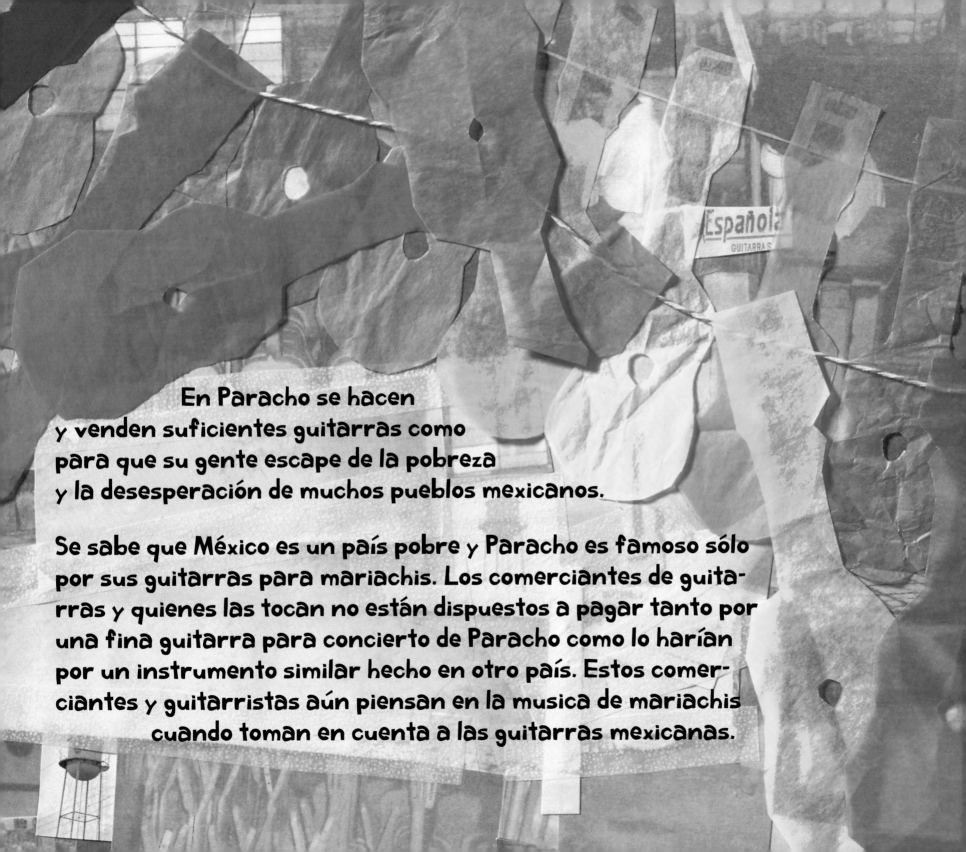

En Paracho se hacen
y venden suficientes guitarras como
para que su gente escape de la pobreza
y la desesperación de muchos pueblos mexicanos.

Se sabe que México es un país pobre y Paracho es famoso sólo
por sus guitarras para mariachis. Los comerciantes de guitarras y quienes las tocan no están dispuestos a pagar tanto por
una fina guitarra para concierto de Paracho como lo harían
por un instrumento similar hecho en otro país. Estos comerciantes y guitarristas aún piensan en la musica de mariachis
cuando toman en cuenta a las guitarras mexicanas.

Los fabricantes de guitarras finas de Paracho son pacientes, pero confían en que pronto el resto del mundo también se dará cuenta que…

Hay más que música de mariachis en México.

Nota del autor

La primera vez que supe de Paracho fue cuando mi hijo Talmage, quien es guitarrista, me mostró una guitarra que le había comprado a un mariachi. Al ver el instrumento, nos quedamos confundidos con la etiqueta, que situaba el taller del fabricante en "Paracho, Mich." Estábamos completamente seguros que no era ningún pueblo del estado de Michigan, en Estados Unidos. Sacamos el atlas y encontramos el pequeño Paracho, situado en Michoacán, más o menos a mitad de camino entre las ciudades de México y Guadalajara. Unos meses más tarde, cuando contábamos los puntos que yo había hecho como viajero frecuente de avión, se nos ocurrió satisfacer un capricho: Tal quería viajar al taller adonde habían hecho su guitarra. Algunos días después, finalmente llegábamos a Paracho a los brincos de un desvencijado autobús, y descubrimos con nuestros propios ojos la magia de este pueblo tan especial.

Existen muchas historias de cómo Paracho se convirtió en el centro de guitarras más importante de México. Algunos dicen que durante la época colonial, un cura español decidió escoger oficios útiles para enseñar a los habitantes pobres de Michoacán. Les enseñó a algunos lugareños cómo hacer muebles y cerámica; a otros a trabajar el cobre y a tejer. El padre Juan de San Miguel eligió la fabricación de guitarras para Paracho. Otras historias sugieren que Paracho acabó como un centro guitarrero simplemente por casualidad.

Cualquiera que sea la verdadera historia, hoy todas las tiendas de Paracho están llenas de guitarras. Los talleres de los fabricantes de instrumentos se esconden en calles laterales y callejones. Las grandes fábricas de guitarras yacen a la orilla del pueblo. Mariachis ambulantes entretienen a los compradores en el concurrido mercado, tocando guitarras hechas en Paracho. La vida diaria en Paracho depende de las guitarras, al igual que el alma de este pueblo. Los niños de Paracho hacen cola para estudiar guitarra en la escuela de música del pueblo. En ella, no sólo aprenden a tocar sus instrumentos, sino también a apreciar la importancia de la guitarra en ese aislado valle en las montañas.

Cada verano hay un festival de guitarra en Paracho. Expertos ejecutantes de guitarra y expertos fabricantes se reúnen en el pueblo llegados de todos los rincones del mundo, para dar conciertos, enseñar clases maestras e intercambiar ideas y técnicas sobre la fabricación de estos instrumentos. El pueblo se llena de música y la plaza principal se llena de visitantes.

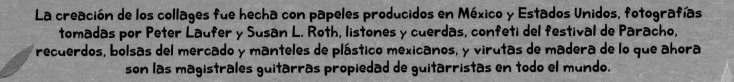

La creación de los collages fue hecha con papeles producidos en México y Estados Unidos, fotografías tomadas por Peter Laufer y Susan L. Roth, listones y cuerdas, confeti del festival de Paracho, recuerdos, bolsas del mercado y manteles de plástico mexicanos, y virutas de madera de lo que ahora son las magistrales guitarras propiedad de guitarristas en todo el mundo.

Muchas gracias y a hearthy thanks para:

Jon Newson, jefe de la División de Música de la Biblioteca del Congreso • Sybille A. Jagusch, jefa del Centro de Literatura para Niños de la Biblioteca del Congreso • Georgette M. Dorn, jefa de la División Hispana de la Biblioteca del Congreso • Anne McLean, especialista en música y encargada de conciertos en la Biblioteca del Congreso • Jim Weaver, jefe de la División de Música de Smithsonian Institutions • Alejandro C. Cervantes, instructor fundador del CIDEG, Centro de Investigación y Desarrollo de la Guitarra en Paracho y Director Ejecutivo del Proyecto Paracho • Jaime Gómez, instructor del CIDEG y su familia • Carlos Monroy, de Guitarras y Artesanías de Paracho • Abel García, Carlos Piña y todos los demás fabricantes de guitarras de Paracho, quienes nos permitieron el acceso a sus talleres • Talmage Morris, director musical del Proyecto Paracho • Susan Pedersen y Beverly Maiorana de Minuteman Press en Great Neck, Nueva York • Víctor Reyes, traductor del texto al español • Nina Hoffman, Nancy Feresten y el equipo de producción de la División de Libros de la National Geographic Society • Ann Finnell • Alana Roth • Sheila Swan Laufer • Michael Laufer

El texto fue preparado en letras diseñadas por Susan L. Roth y Robert Salazar y cortadas por la Sra. Roth. Este libro fue impreso y encuadernado por la Impresora Donneco Internacional, S.A. de C.V. en Ciudad Reynosa, Tamaulipas, México

The world's largest nonprofit scientific and educational organization, the National Geographic Society was founded in 1888 "for the increase and diffusion of geographic knowledge." Since then it has supported scientific exploration and spread information to its more than nine million members worldwide. The National Geographic Society educates and inspires millions every day through magazines, books, television programs, videos, maps and atlases, research grants, the National Geography Bee, teacher workshops, and innovative classroom materials. The Society is supported through membership dues and income from the sale of its educational products. Members receive NATIONAL GEOGRAPHIC magazine—the Society's official journal—discounts on Society products, and other benefits. For more information about the National Geographic Society and its educational programs and publications, please call 1-800-NGS-LINE (647-5463) or write to the following address: National Geographic Society, 1145 17th Street N.W., Washington, D.C. 20036-4688 U.S.A. Visit the Society's Web site: www.nationalgeographic.com

Library of Congress Cataloging-in-Publication Data. Laufer, Peter. Made in Mexico / by Peter Laufer; illustrated by Susan L. Roth. p. cm.   SUMMARY: Describes the importance of the guitar in Mexico, especially in Paracho, a town which is becoming the center of the Mexican guitar industry. ISBN 0-7922-7118-1 1. Guitar – Construction – Mexico – Paracho de Verduzco Juvenile literature. [1. Guitar. 2. Mexico – Social life and customs.] I. Roth, Susan L. ill. II. Title ML1015.G9 L38 2000 787.87'197237 – dc21
99-38220 First edition
Reprinted in 2007
ISBN: 978-1-4263-0364-7